CHANTONS NOËL

par
Christine Séguret

Ernst Klett Schulbuchverlag
Stuttgart Düsseldorf Berlin Leipzig

Chantons Noël

herausgegeben von
Christine Séguret, Ludwigsburg

Table des matières

Tonträger : Dieses Heft begleitet die Compact-Cassette gleichen Titels (Klettnummer 59706). Lieferung durch jede Buchhandlung oder, wo dies auf Schwierigkeiten stößt, zuzüglich Portokosten per Nachnahme vom Ernst Klett Schulbuchverlag, Postfach 1170, 71398 Korb.

1. Auflage   1 5 4 3 2 1 | 1998 1997 1996 1995 1994

Alle Drucke dieser Auflage können im Unterricht nebeneinander benutzt werden, sie sind untereinander unverändert. Die letzte Zahl bezeichnet das Jahr dieses Druckes.
© Ernst Klett Schulbuchverlag GmbH, Stuttgart 1994. Alle Rechte vorbehalten.

Umschlaggestaltung: Jörg Henn, Heimsheim
Reproduktion: Repro Technik, Ruit
Druck: Wilhelm Röck, Weinsberg
ISBN 3-12-597070-9

Gedruckt auf Papier aus chlorfrei gebleichtem Zellstoff, säurefrei.

1. Saint Nicolas, mon bon patron

1. *Saint Nicolas, mon bon* patron   Schutzheiliger
   apporte-moi des p'tits bonbons
   des pastilles *pour les p'tites filles*   Zuckerplätzchen
   des marrons *pour les garçons*   Maronen

2. *Saint Nicolas, mon bon patron*
   apporte-moi des p'tits bonbons
   des beaux jouets pour mes copains
   des belles fleurs pour la maîtresse   (Grundschul)Lehrerin

3. *Saint Nicolas, mon bon patron*
   apporte-moi des macarons   Makronenplätzchen
   des dentelles *pour les demoiselles*   Spitzen
   des beaux rubans *pour les mamans*   Stoffbänder

4. *Saint Nicolas, mon bon patron*
   apporte-moi des macarons
   des mallettes *pour les grand-mères*   Köfferchen
   des lunettes *pour les grand-pères*   Brillen

5. *Saint Nicolas, mon bon patron*
   apporte-moi des macarons
   des mirabelles pour les demoiselles
   des coups d'bâton *pour les garçons*   Rutenhiebe

(chanson traditionnelle)

La légende de Saint Nicolas

Nicolas était l'évêque *(Bischof)* chrétien de Myra, une ancienne ville de Turquie, au IVe siècle.
La légende raconte que trois petits enfants qui s'étaient perdus avaient demandé à un boucher s'ils pouvaient dormir chez lui. Pendant la nuit, le boucher tue les enfants, il les coupe en petits morceaux, qu'il met dans du sel pour les conserver. Sept ans après, Saint Nicolas va chez le boucher et lui demande de la viande salée. Le boucher apporte la viande des petits enfants. Saint Nicolas pose alors ses doigts sur les enfants, qui se réveillent et lui disent : « Nous avons bien dormi, comme en paradis !».

Saint Nicolas et les enfants
(illustration d'un livre du XIIIe siècle)

La fête de la Saint-Nicolas

Saint Nicolas est le patron, c'est-à-dire le « Saint » des enfants. Sa fête a lieu le 6 décembre et autrefois, c'est ce jour-là qu'on donnait des cadeaux aux enfants, pas à Noël. Aujourd'hui, on leur donne plutôt des bonbons, du chocolat ou des gâteaux. Mais cette tradition n'existe plus que dans le Nord et l'Est de la France.

Les marrons

Contrairement à la châtaigne *(Eßkastanie),* le marron ne se mange pas. Mais, dans le domaine de la cuisine, le mot « marron » est souvent utilisé pour désigner la châtaigne.
Les châtaignes se vendent surtout en hiver, sous forme
– de marrons chauds (ce sont des marrons grillés, que l'on vendait autrefois dans la rue);
– de crème de marrons (c'est une sorte de confiture de châtaignes);
– de marrons glacés (ce sont des châtaignes cuites très longtemps dans du sucre).
Il ne faut pas oublier la fameuse dinde *(Truthenne)* aux marrons, qui est le repas traditionnel du jour de Noël.

2. Voici la Noël

1. *Voici la Noël, le temps des* veillées	(gemütl.) Abendstunden
Où les fiancés *vont à l'assemblée*	Verlobte
Refrain *:* *Va mon ami va, la lune se lève*	
Va mon ami va, la lune s'en va	
2. *Où les fiancés vont à l'* assemblée	*ici:* Jahrmarkt, Volksfest
Le mien n'ira pas, j'en suis assurée	sicher, versichert
3. *Le mien n'ira pas j'en suis assurée*	
Il est à Paris ou dans la Vendée	
4. *Qu'apportera-t-il à sa* bien-aimée	Liebste
Chapelet *d'argent, ceinture dorée*	Rosenkranz
5. *Chapelet d'argent,* ceinture *dorée*	Gürtel
Et puis le bouquet *de la fiancée*	Blumenstrauß

(chanson populaire de l'Ouest,
© Consortium Musical / Editions Combre)

L'Avent et les « marchés de Noël »

Le « temps des veillées », c'est le temps passé à attendre la venue de Jésus-Christ, c'est-à-dire les quatre semaines de l'Avent.

Dans cette chanson, « l'assemblée » désigne un grand marché qui avait lieu une fois par an dans beaucoup de provinces, souvent pendant l'Avent. On y trouvait beaucoup de saltimbanques (Gaukler) et les gens y allaient aussi et surtout pour s'amuser. Cette tradition des « marchés de Noël » existe encore en Alsace.

Les autres traditions de l'Avent, encore très vivantes en Allemagne, ne sont pas courantes en France, sauf en Alsace : pas de couronnes (Kränze) aux quatre bougies (Kerzen), pas de petits biscuits de Noël, et les maisons ne sont décorées que pour Noël, pas avant. Pendant ces semaines, les rues sont illuminées (festlich beleuchtet) et les magasins sont décorés, mais c'est surtout pour des raisons commerciales ...

L'origine de la chanson

On suppose que le texte de cette chanson date de la Révolution française. Le « fiancé » ne peut pas aller à l'assemblée parce qu'il fait partie des « Blancs », les soldats royalistes et catholiques qui se battent à Paris et dans la Vendée, en 1793, contre les troupes révolutionnaires.

La mélodie est sans doute plus ancienne, car cette chanson existe aussi avec d'autres paroles, qui se rapportent aux fêtes de la Toussaint (le 1er novembre) et de la Saint-Jean (le 24 juin).

Eh bien, dansez maintenant !

Beaucoup de chansons traditionnelles sont accompagnées par des danses, mais les figures et les pas peuvent souvent varier.

Une manière assez simple de danser sur cette chanson est la suivante. (Apprenez d'abord à danser sans musique, lentement, avant de danser plus vite au rythme de la cassette.)

Faites un grand cercle en vous donnant la main. Tenez-vous seulement par le petit doigt. La danse commence au premier couplet, après le solo de guitare.

Sur les couplets :
a) Le pied droit fait un premier pas vers le centre du cercle (1),
   puis le pied gauche vient se poser à côté (2).
   2ème pas en avant avec le pied droit (3), puis avec le gauche, qui reste en l'air (4).
b) Pied gauche: un petit pas à gauche (5). Le pied droit se pose à côté (6).
   Pied droit: un petit pas à droite (7). Le pied gauche se pose à côté (8).
c) Le pied droit fait un pas en arrière (9),
   le pied gauche vient à côté (10).
   Deuxième pas en arrière avec le pied droit (11), le pied gauche vient à côté (12).

a) Voici la Noël, le temps des veillées
   1   2   3   4
b) Voici la Noël, le temps des veillées
      5   6   7   8
c) Où les fiancés vont à l'assemblée
      9   10 11   12

Sur le refrain:
On fait 8 pas sur le côté, tous vers la gauche. On commence avec le pied gauche, puis le pied droit fait un pas à gauche en passant devant la jambe gauche, et on continue.

Les bras accompagnent les pas en faisant un mouvement de demi-cercle vers l'avant : ils se lèvent avec les pas du pied gauche, ils se baissent avec les pas du pied droit. N'oubliez pas de vous tenir par le petit doigt !

3. Il est né, le divin enfant

1. *Il est né, le* divin *enfant*   göttlich
   Jouez hautbois, *résonnez* musettes   Oboe   (une musette : *voir ci-dessous*)
   Il est né, le divin enfant
   Chantons tous son avènement   Ankunft

2. *Depuis plus de quatre-mille ans*
   nous le promettaient les prophètes
   Depuis plus de quatre-mille ans
   nous attendions cet heureux temps

(chanson traditionnelle)

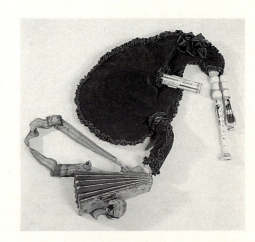

L'origine de la chanson

« Il est né, le divin enfant » est l'un des chants de Noël les plus connus. Au XVe siècle, au temps du roi Louis XI, ce n'était pas encore un chant religieux mais ... une musique de chasse, qu'on jouait d'ailleurs avec des cors de chasse *(Jagdhorne)*.
Aujourd'hui, et depuis le XVIIIe siècle, on le chante surtout dans les églises, par exemple pendant la messe de minuit, le 24 décembre au soir, mais aussi dans les familles.

Le Noël chrétien

Le soir du 24 décembre, les chrétiens qui respectent encore les traditions vont à l'église pour assister à la messe de minuit, qui célèbre la naissance du divin enfant.
Dans la plupart des églises, on a installé une crèche *(Krippe)*. On y trouve le petit Jésus et ses parents, l'âne, le bœuf ainsi que les bergers et leurs moutons (voir aussi la crèche de Provence, page 8). Dans certaines églises, ce sont des personnes et des animaux vivants qui jouent le rôle des personnages de la crèche.
A minuit, dans tout le pays, les cloches des églises carillonnent *(läuten)* toutes en même temps.
Après la messe de minuit, les gens rentrent chez eux et fêtent en famille la naissance de Jésus : c'est là l'origine du réveillon.

Chantons tous son avènement !

Ce chant de Noël comprend plusieurs autres strophes qui ne sont pas sur la cassette.
Vous pouvez les chanter vous-même avec un accompagnement à la guitare.
(Il est aussi possible d'accompagner ce chant avec d'autres accords, par exemple :
G / D / G / D, G pour les couplets et G, C, G / Am, D / G, C, G / Am, D pour le refrain.)

3. Une étable est son logement
   Un peu de paille est sa couchette
   Une étable est son logement
   Pour un Dieu quel abaissement !

4. Dans la crèche, comme un berger
   Ce roi est apparu sur terre
   Aux hommes de bonne volonté
   Il a promis l'éternité

5. Il veut nos cœurs, il les attend
   Il vient en faire la conquête
   Il veut nos cœurs, il les attend
   Qu'ils soient à lui dès ce moment !

6. Il est un chant de vérité
   Son chemin mène à la lumière
   Il nous apprend l'humilité
   Seul l'amour pourra nous sauver

4. Entre le bœuf et l'âne gris

1. *Entre le bœuf et l'âne gris*
   Dors, dors, dors le petit fils ...

Refrain :   *Mille anges divins,*   Engel
            Mille séraphins   Seraphen (eine Art Engel)
            Volent alentour   ringsum
            De ce grand Dieu d'amour

2. *Entre les deux bras de Marie*
   Dors, dors, dors le petit fils ...

3. *En ce beau jour si solennel*   feierlich
   Dors, dors dors l' Emmanuel ...   *hier :* Messias

(chanson traditionnelle du XIIIᵉ siècle)

En - tre le bœuf et l'â - ne gris
dors, dors, dors le pe - tit fils.

Refrain

Mille an - ges di - vins, mil - le sé - ra - phins
vo - lent a - len - tour de ce grand Dieu d'a - mour.

La chanson

Cette chanson est une berceuse *(Wiegenlied)* pour l'enfant Jésus : le rythme berce l'enfant comme le mouvement des bras d'une mère. Le bœuf et l'âne sont à côté de Jésus, ils soufflent sur lui pour le réchauffer.

On raconte qu'à minuit, entre le 24 et le 25 décembre, l'âne, le bœuf et même les autres animaux ont le don *(Fähigkeit)* de parler. Malheureusement, personne ne peut les entendre, parce que c'est justement à ce moment-là que les églises carillonnent pour la sortie de la messe de minuit ...

La crèche

A l'origine, la crèche désignait la mangeoire *(Futtertrog)* des animaux, mais aujourd'hui on utilise ce mot pour l'étable *(Stall)* et pour l'ensemble des personnages présents à la naissance de Jésus.

Les crèches sont particulièrement belles en Provence, où on représente ces personnages sous forme de santons, des figurines en terre cuite peintes à la main. Les santons représentent tous les personnages « classiques », comme l'enfant Jésus, Marie, Joseph, le bœuf et l'âne, les bergers et les Rois Mages, mais aussi des Provençaux, des gens du village qui ont des métiers ou des activités typiques : il y a la marchande d'aïl, la lavandière (la femme qui lave le linge à la main), le tambourinaire (un musicien qui joue du tambour), et beaucoup d'autres personnages, qui portent tous leurs vêtements traditionnels.

En général, on n'achète pas une crèche de santons en une seule fois. Chaque année, on y ajoute un ou deux personnages qu'on peut acheter à la foire aux santons de Marseille, par exemple. Elle a lieu une fois par an, peu avant Noël.

On construit une crèche

Les personnages
On les dessine sur du papier (qu'on colle ensuite sur du carton) ou directement sur du carton blanc. Attention : les personnages ont une face avant et une face arrière, il faut dessiner les deux.
Les personnages adultes ont environ 10 cm de hauteur, et il faut laisser deux ou trois centimètres de carton en dessous des pieds : cette partie sera ensuite repliée vers l'arrière et collée sur le sol de la crèche.
Après avoir dessiné un personnage, on s'occupe de ses habits. Le mieux est de découper des morceaux de tissu qu'on peut ensuite coller sur le carton. Mais on peut aussi y coller des morceaux de papier de couleur ou colorier le dessin avec des crayons de couleur ou de la peinture.
En plus des personnages « classiques », ou peut aussi, comme dans une crèche provençale, représenter des paysannes en robes longues avec de grands foulards *(Schale)* sur les épaules et des paniers *(Körbe)* au bras, le boulanger avec du pain, le poissonnier avec un poisson, le meunier avec un sac de farine *(Mehl)* , ou n'importe quel personnage du village.

L'étable
Pour construire l'étable de la crèche, la méthode la plus simple est de choisir une grande boîte en carton qu'on pose sur une table avec l'ouverture vers le devant.
On prend du papier d'emballage *(Packpapier)* gris, beige, ou marron, on le froisse *(zerknittert)* pour lui donner du relief. On le dispose ensuite à l'intérieur de la boîte, sur les côtés, de manière à ce que la crèche ressemble un peu à une grotte.
On ajoute des cailloux (pour imiter les rochers) et de la paille *(Stroh),* puis on place une étoile découpée dans du papier doré *(golden)* au dessus de l'entrée de la grotte.
Quand l'étable est prête, on y dispose les personnages et on les colle sur le sol de la crèche pour qu'ils restent debout.

5. Guillau, prends ton tambourin

1. Guillau, prends ton tambourin
Toi prends ta flûte, Robin
Au son de ces instruments   Klang
Tirelurelure patapatapan
Au son de ces instruments
Je dirai Noël gaiement   heiter

2. *C'était la mode autrefois*   damals
   De louer le Roi des Rois   loben, rühmen
   Au son de ces instruments
   Tirelurelure patapatapan
   Au son de ces instruments
   Il nous faut en faire autant

3. *L'homme et Dieu sont plus d'accord*
   Que la flûte et le tambour
   Au son de ces instruments
   Tirelurelure patapatapan
   Au son de ces instruments
   Chantons, dansons, sautons-en

(chanson traditionnelle de Provence)

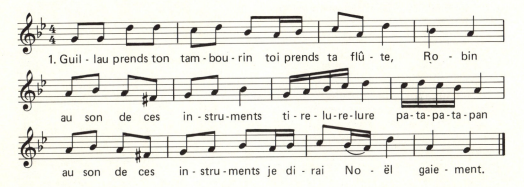

Au son de ces instruments ...

« Guillau ... » est un chant de fête, gai, et facile à accompagner avec quelques instruments de percussion. Par exemple avec des petits tambourins, un triangle, un xylophone, ou encore des grelots *(Glöckchen)*
– Le tambourin bat la mesure régulièrement, mais ne joue rien sur « tirelurelure patapatapan ».
– C'est le xylophone qui joue « tirelurelure patapatapan » (voir les notes de musique).
– Le triangle joue sur les syllabes qui sont soulignées.
– Les grelots tintent à la fin de chaque couplet (après « autant » et « sautons-en »).
On peut ajouter une flûte si quelqu'un sait en jouer.
La musique doit rester fraîche et légère.

Ceux qui n'ont pas d'instrument chantent en articulant bien les paroles. Mais avant de commencer à chanter, il est bon d'apprendre à bien prononcer les nasales *(an, en, on, in)*. On peut par exemple répéter de plus en plus vite la phrase suivante :

Robin, prends ton tambourin
   et nous,
chantons et dansons gaiement
au son de son instrument.

6. Noël est arrivé

Refrain *La jambe me fait mal*
            Boute selle, *boute selle,*   sattle (mein Pferd)
            La jambe me fait mal
            Boute selle à mon cheval

1. *Tous les bergers étant sur la montagne*
   Tous les bergers ont vu un messager   (Götter)Bote
   Qui leur a dit « mettez-vous en campagne »   macht euch auf der Suche
   Qui leur a dit « Noël est arrivé ».

2. *Un gros berger, qui fait seul le voyage*
   Un gros berger, s'en va à petits pas,
   S'est retourné au bruit de mes paroles,
   Je lui ai dit « Noël est arrivé ».

3. *Réveillez-vous, mettez-vous en fenêtre,*
   Réveillez-vous, sortez de vos maisons
   Venez tous voir l'enfant qui vient de naître,
   Réveillez-vous, Noël est arrivé !

Chant de Noël provençal,
écrit et composé par
Nicolas Taboly (1614 - 1675),
et interprété par
le groupe Malicorne.
A l'origine,
cette chanson s'appelait
« La cambo me faï mau »
et ses paroles étaient
en langue d'oc

Un chant à mimer

On peut accompagner cette chanson en mimant ses paroles, ligne par ligne.
Le choix des gestes est libre.　　　Par exemple :

R. La jambe me fait mal	boiter *(hinken)*
Boute selle (à mon cheval)	mettre une selle sur un cheval
1. ... sur la montagne	avec la main, « dessiner » une montagne en l'air
... ont vu un messager	la main au dessus des yeux, pour voir au loin
... mettez-vous en campagne	faire signe de partir
... Noël est arrivé	les bras en l'air, en signe de (bonne) surprise
2. Un gros berger ...	mimer un gros ventre
... s'en va à petits pas	faire plusieurs petits pas
S'est retourné ...	se retourner
... Noël est arrivé	mettre la main à l'oreille pour mieux entendre
3. Réveillez-vous ...	se frotter les yeux ou s'étirer *(sich recken)*
... sortez de vos maisons	geste d'ouvrir une porte
Venez tous voir ...	geste du bras pour appeler quelqu'un
... Noël est arrivé	les bras en l'air, en signe de (bonne) surprise

7. Petit papa Noël

C'est la belle nuit de Noël	
La neige étend *son manteau blanc*	breitet aus
Et les yeux levés vers le ciel	
A genoux les petits enfants	
Avant de fermer les paupières	Augenlider
Font une dernière prière.	Gebet

Refrain *:*	*Petit papa Noël*	
	Quand tu descendras du ciel	
	Avec des jouets par milliers	
	N'oublie pas mon petit soulier.	Schuh

Mais avant de partir	
Il faudra bien te couvrir	
Dehors tu vas avoir si froid	
C'est un peu à cause de moi.	
Il me tarde tant que le jour se lève	ich kann es kaum erwarten
Pour voir si tu m'as apporté	
Tous les beaux joujoux *que je vois en rêve*	Spielsachen
Et que je t'ai demandés	

–> Refrain

Le marchand de sable *est passé*   Sandmännchen
Les enfants vont faire dodo,   schlafen
Et tu vas pouvoir commencer,
Avec ta hotte *sur le dos,*   Tragekorb
Au son des cloches *des églises*   Glocken
Ta distribution *de surprises.*   Austeilung

Et quand tu seras sur ton beau nuage   Wolke
Viens d'abord sur notre maison
Je n'ai pas été tous les jours très sage,   artig
Mais j'en demande pardon.

    –> Refrain

Mais avant de partir
Il faudra bien te couvrir
Dehors tu vas avoir si froid
C'est un peu à cause de moi.

(texte de Raymond Vincy, musique de Henri Martinet
© Editions Max Eschig / Otto Junne GmbH)

La chanson

Cette chanson n'est pas traditionnelle, mais elle est connue de tous et est très populaire chez les enfants. C'est le « chanteur de charme » Tino Rossi, né en 1907 et mort en 1983, qui l'a rendue célèbre en France.

Le Noël des enfants

En général, la fête commence le 24 décembre : les enfants décorent dans l'après-midi le sapin *(Tannenbaum)* de Noël et la crèche. Quelquefois, il y a une messe l'après-midi pour les enfants qui ne vont pas à la messe de minuit.
Le soir, le sapin est illuminé *(festlich beleuchtet)* et on nettoie bien les chaussures avant de les mettre autour du sapin (ou devant la cheminée, quand il y en a une dans la maison). En général, en France, on ne chante pas de chants de Noël autour du sapin.
Presque partout, le Père Noël vient dant la nuit du 24 au 25 décembre pendant que les enfants dorment. Normalement, il passe par la cheminée avec sa hotte pleine de jouets et il dépose ses cadeaux dans les chaussures des enfants. Le lendemain, le 25 décembre au matin, les enfants se lèvent et vont découvrir leurs cadeaux !
Mais on n'ouvre pas les cadeaux au même moment dans toutes les régions de France. Dans le Nord, par exemple, on les ouvre le soir du 24 décembre, avant la messe de minuit.

Les papillotes

On raconte que dans la ville de Lyon, un confiseur *(Süßwarenhersteller)* avait un apprenti *(Lehrling)* qui volait des bonbons et des chocolats pour les offrir à son amie. Sur le papier qui entourait les chocolats, il écrivait des petits mots doux *(kurze Liebesbriefe)*. Un jour, le confiseur a appris que son apprenti volait et il l'a renvoyé. Mais il a trouvé que l'idée de cacher des petits messages dans ses chocolats était bonne. Et ces bonbons et chocolats, qu'on appelle des papillotes, sont devenus une spécialité de Noël lyonnaise. Mais on a remplacé les petits mots doux par des histoires drôles.

Fabriquez vos papillotes

Chacun apporte trois bonbons et une ou deux feuilles de papier argenté *(Silberpapier)* ou doré.
Prenez trois petits papiers blancs, inscrivez sur chacun un vœu de Noël, une petite histoire drôle ou quelquechose d'amusant ou de sympathique (si possible, trois « messages » différents). Mettez les papiers autour des bonbons, puis entourez le tout avec du papier doré ou argenté.
Toutes les papillotes sont ensuite mises dans un sac ou une boîte et sont distribuées à tous les élèves. Chacun en prend trois et lit les trois « messages » avant de manger les bonbons.

8. Mon beau sapin

Mon beau sapin,
Roi des forêts,
Que j'aime ta verdure   grünes Laub, grüne Nadeln
Quand par l'hiver,
Bois et guérets,   Brachland
Sont dépouillés   frei von
De leurs attraits,   Reize
Mon beau sapin,
Roi des forêts,
Tu gardes ta parure.   Zierde, Schmuck

Toi que Noël,
Planta chez nous,   (an-/auf-)pflanzte
Tout brillant de lumière,
Joli sapin
Comme ils sont doux
Et tes bonbons
Et tes joujoux
Toi que Noël
Planta chez nous
Au saint anniversaire.

(Chanson traditionnelle allemande; les paroles ont été librement transposées par un auteur inconnu.)

L'arbre de Noël

La tradition de l'arbre de Noël est vieille de plus de 400 ans et vient d'Alsace. Dans les mystères *(Mysterien)* qu'on jouait devant les églises le 24 décembre, il représentait l'arbre du paradis. Il fallait un arbre encore vert et, comme on était en hiver, on prenait un sapin. Le sapin symbolise donc la vie qui continue malgré la « pause d'hiver » de la nature.

La tradition de l'arbre de Noël s'est répandue *(ausgebreitet)* en Allemagne à partir de 1700 et en France à partir de 1870. Autrefois, on décorait le sapin avec des pommes attachées à ses branches. Peu à peu, on les a remplacées par des bonbons.

De nos jours, on décore le sapin avec des guirlandes dorées ou argentées, des boules brillantes, une étoile en haut de l'arbre, etc... Le plus souvent, les guirlandes électriques remplacent les bougies *(Kerzen)*, qui risquent de mettre le feu à l'arbre. Parfois, on utilise aussi de la poudre blanche pour imiter la neige sur le sapin !

Le vocabulaire en jouant

D'après le principe du « jeu du pendu » *(Galgenmännchen)*, faites deviner *(erraten)* un mot de vocabulaire qui se rapporte à Noël, à ses traditions en général ou à l'arbre de Noël en particulier.

Un(e) élève choisit un mot de 6 lettres ou plus, mais ne le dit à personne. Au tableau, il ou elle dessine le même nombre de traits pour marquer la place des lettres qu'il faut deviner.

Les autres demandent l'un après l'autre : « Dans ce mot, est-ce qu'il y a un ... (une lettre de l'alphabet, au choix) ?». Si la lettre demandée est dans le mot, l'élève qui est au tableau inscrit cette lettre à la place du trait qui la représentait.

Si la lettre n'est pas dans le mot, l'élève qui est au tableau commence à dessiner un sapin de Noël, comme celui qui se trouve ci-dessous (une partie du sapin pour chaque réponse négative). C'est un autre élève qui pose la question suivante.

Celui ou celle qui devine le mot le dit tout haut et, si c'est correct, c'est lui ou elle qui choisit un nouveau mot et va au tableau.

Si l'élève qui est au tableau termine son sapin avant que les autres ne trouvent le mot (il y a 7 erreurs possibles), il a alors gagné et choisit un nouveau mot.

Et le jeu peut recommencer.

9. Le Père Noël a disparu

1. *Le Père Noël a disparu de la circulation* spurlos verschwunden
   Pour les enfants c'est une tuile *hier :* derber Schlag
   On ne l'a pas revu depuis le dernier réveillon
   On a fouillé toute la ville. durchsucht
   C'est certainement le diable qui a dû le kidnapper entführen
   Pour demander une rançon aux fabriquants de jouets Lösegeld
   Le Père Noël a disparu de la circulation
   Et tous les enfants sont marron geleimt

Refrain : *Père Noël, Père Noël, où es-tu ?*
   Si tu ne reviens pas tout l'monde est fichu erledigt
   Père Noël, Père Noël, où es-tu
   Ah quelle idée d'avoir disparu !

2. *Le Père Noël a disparu il faut le retrouver*
   On va fouiller toute la France,
   On cherchera partout depuis Dijon jusqu'à Roubaix
   De la Bretagne à la Provence
   Si jamais c'est vraiment le diable qui l'a kidnappé,
   On descendra jusqu'en enfer *mais faut le retrouver !* Hölle
   Le Père Noël a disparu on le retrouvera
   On ne nous aura pas comme ça ! wir lassen uns nicht
                                       hereinlegen

3. *Le Père Noël est revenu à la circulation*
   On l'a retrouvé sous la table,
   Il avait un peu trop mangé au dernier réveillon,
   Mais je crois qu'il est excusable, verzeihlich
   Ça n'était pas le diable qui l'avait donc kidnappé
   Il faut lui demander pardon de l'avoir accusé, beschuldigt
   Le Père Noël est revenu à la circulation
   On va fêter le réveillon

   Père Noël, Père Noël, t'es revenu,
   On croyait vraiment que tu étais perdu
   Père Noël, Père Noël, t'es revenu,
   C'est toi le grand chef une fois de plus.

(texte de Jacques Hustin, musique de Jacob Alsin, interprété par Carlos, © Ed. S.E.M.I.)

Carlos

Ancien danseur, Carlos chante depuis plus de vingt ans. Il est le portrait-type du « bon vivant » qui aime faire la fête, bien manger et bien boire, et qui ne se prend pas trop au sérieux. Ses chansons parlent souvent des copains, de la fête ou des vacances.
Carlos utilise souvent un style simple et beaucoup de mots familiers *(une tuile, marron, fichu).*

On chante aussi ...

Jouez les chœurs en chantant les lignes 2, 4 et 8 de chaque couplet, ainsi que les lignes 1 et 3 du refrain. Pendant que vous chantez ces passages, quelqu'un doit baisser le son de la cassette, et le remonter tout de suite après.

Le vocabulaire en jouant

Dans la grille ci-dessous se cachent 16 mots tirés de la chanson. Retrouvez-les et entourez-les !
(Attention : les mots se lisent aussi de droite à gauche et de bas en haut !) D'autres mots sont également cachés dans cette grille. Combien pouvez-vous en trouver ? Lesquels ?

S	T	A	C	P	T	D	L	M	L
E	E	D	I	R	E	I	F	O	E
F	A	B	R	I	C	A	N	T	O
I	L	E	C	X	N	B	R	U	N
C	E	T	U	D	E	L	A	I	O
H	O	R	L	O	G	E	B	L	L
U	N	M	A	N	G	E	R	E	L
B	O	I	T	E	U	O	J	U	I
I	R	C	I	O	T	A	B	L	E
L	R	H	O	R	E	T	E	F	V
L	A	E	N	F	E	R	T	P	E
E	M	F	O	U	I	L	L	E	R

Le Noël païen

Pour beaucoup de Français, Noël est aussi une fête de famille : la fête des cadeaux, mais aussi la fête de la bonne cuisine.

A l'origine, le réveillon était un repas fin qu'on prenait après la messe de minuit. Aujourd'hui, c'est un grand repas composé de plusieurs plats qu'on sert avec du bon vin ou du champagne. On commence par exemple avec du saumon fumé *(geräucherter Seelachs)*, du foie gras *(Gänseleberpastete)*, des huîtres *(Austern)*, des fruits de mer ou du poisson fin. On continue avec une entrée chaude avant de passer au plat principal, qui peut être la fameuse dinde aux marrons *(Truthahn mit Eßkastanien)*, de l'oie *(Gans)*, ou une autre viande. En dessert, on sert la bûche de Noël, qui est un ancien symbole de Noël (voir ci-dessous).

La bûche de Noël

Autrefois, le 24 décembre au soir, on faisait brûler une grosse bûche de bois *(Holzscheit)* dans la cheminée. La bûche devait être assez grande pour brûler pendant plusieurs jours. La nuit tombée, le 24 décembre, on allumait la bûche puis on versait dessus un verre de vin et on prononçait des vœux de bonheur pour l'année future. On gardait les cendres de la bûche jusqu'au prochain Noël parce qu'elles portaient bonheur toute l'année. Dans certaines régions, on croyait aussi que le nombre d'étincelles *(Funken)* que faisait la bûche correspondait au nombre de mariages de l'année à venir.

Aujourd'hui, on ne brûle plus la bûche, on la mange. En effet, la bûche de Noël est aujourd'hui un gâteau en forme de bûche ! C'est souvent un biscuit roulé *(Biskuitrolle)* avec de la crème au beurre à l'intérieur. Autour du biscuit, il y a de la crème au chocolat ou au café, qui lui donne la couleur de la bûche. De plus en plus souvent, on remplace le gâteau par une glace à la vanille et au chocolat qui a, elle aussi, la forme et la couleur d'une bûche de bois.

Les 13 desserts de Noël

C'est une autre tradition qui vient de Provence. Pourquoi 13 desserts ? Parce qu'il y en a un pour Jésus et pour chacun de ses apôtres, qui étaient 12.

Ces desserts se composent surtout de noix *(Nüsse)*, de noisettes *(Haselnüsse)*, d'amandes *(Mandeln)*, de différents fruits secs, de nougat, de pâte de coing *(Quitte)* et de plusieurs sortes de petits gâteaux.

Recette : les fruits déguisés

Il vous faut des noix, des noisettes, des amandes, des raisins secs, des dattes, des pruneaux *(Trockenpflaumen)*, de la pâte d'amandes *(Marzipan)* blanche, rose ou verte, et du sucre glace *(Puderzucker)*.
Prenez d'abord la pâte d'amandes et faites-en des petites boules de 1 à 2 cm de diamètre.
Enlevez les noyaux *(Steine)* des dattes et des pruneaux et remplacez-les par des boules de pâte. Enlevez ensuite les noix de leur coquille, séparez les deux moitiés et collez une boule de pâte d'amandes « en sandwich » entre elles. Enfoncez 3 noisettes, 2 amandes ou des raisins secs dans la pâte.
Vous pouvez ensuite décorer ces « fruits déguisés » de sucre glace et les placer dans une barquette de papier coloré.

10. Chantons Noël

Cette chanson est un « pot-pourri » (un « medley ») : elle est composée de plusieurs parties d'autres chansons connues.
Ecoutez deux fois cette chanson sans regarder le texte et essayez de reconnaître la mélodie de ces différentes chansons.

Refrain 1 : *Chantons, chantons Noël*
Pour que brillent *dans le ciel*   leuchten
Toutes les étoiles du monde
Comme un message de paix
Chantons, chantons Noël
Sur la terre comme au ciel
Des chansons sans frontières   Grenzen
Des chants de liberté.

Vive le vent, vive le vent, vive le vent d'hiver,
Qui s'en va sifflant *soufflant dans les grands sapins verts*   pfeiffend
Vive le vent, vive le vent, vive le vent d'hiver,
Boule de neige et jour de l'an et bonne année grand-mère.   Schneeball

Refrain 2 : *Chantons, chantons Noël,*
Les enfants s'émerveillent   staunen
Des milliers de lumières
Les conduisent *dans la nuit*   führen
Chantons, chantons Noël
Comme un rêve irréel,   unwirklich
L'amour sur toute la terre
Pour que soit douce *la vie.*   süß, angenehm

Mon beau sapin
Roi des forêts
Que j'aime ta parure
Si j'ai grandi
Je peux rêver
Aux bons Noëls de mon passé.

Refrain 1

Petit papa-Noël
Quand tu descendras du ciel,
Avec tes jouets par milliers,
N'oublie pas mon petit soulier.

Refrain 2

Gloria ...

Chantons, chantons Noël

Douce nuit, Sainte nuit,
Une chanson et plus de bruit,

De bon matin
J'ai rencontré le train
De trois grands Rois
Qui partaient en voyage

Refrains 1 et 2

(Refrains: Moréal / Costillac, © Ed. King Kong Music)

Le Nouvel An

Contrairement à Noël, que l'on fête en famille, on passe plutôt le réveillon du Nouvel An avec ses amis. Certaines soirées sont costumées *(mit Verkleidung)* ou dansantes. On se retrouve le soir, on mange et on boit jusque tard dans la nuit. A minuit, on se souhaite « une bonne année », on s'embrasse sous le gui *(Misteln)* et on boit le champagne. On lance quelquefois des confettis, mais la tradition allemande du feu d'artifice *(Feuerwerk)* et des pétards *(Knaller)* n'existe pas en France.
Après cela, la fête continue, quelquefois jusqu'au matin.
Le premier janvier, autrefois, les enfants allaient souhaiter une bonne année aux grands-parents, aux oncles et aux tantes, et en remerciement ils recevaient un peu d'argent : les étrennes. Cette coutume est de plus en plus rare. Par contre, chaque année, les facteurs, les pompiers, les éboueurs *(Männer der Müllabfuhr)* passent encore dans les maisons au moment du Nouvel An pour souhaiter la bonne année aux habitants ... et pour recevoir leur étrennes.

11. Marche des Rois Mages

1. *Ce matin j'ai rencontré le* train   hier : Gefolge
   De trois grands Rois qui allaient en voyage
   Ce matin j'ai rencontré le train
   De trois grands Rois dessus *le grand chemin*   sur

2. *J'ai vu d'abord,* gardes du corps   Leibwächter
   Et gens armés *avec la troupe des pages*   bewaffnet
   J'ai vu d'abord, gardes du corps
   Tout couverts d'or dessus leurs justaucorps   Überrock

3. *Dans un char,* doré *de toute part*   überaus
   J'ai vu des Rois modestes *tels des anges*   bescheiden
   Dans un char doré de toute part
   J'ai vu briller des riches étendards   Standarte

4. *Des belles voix et les* hautbois   Oboe
   Qui de mon Dieu publiaient toutes louanges   Lob priesen
   Des belles voix et les hautbois
   Chantaient des airs d'un admirable choix   wohl ausgewählte

5. *Tous en chœur,* adorant *le Seigneur*   anbetend
   A deux genoux commencent la prière   Gebet
   Tous en chœur, adorant le Seigneur   der Herr
   Ils montrent la plus ardente ferveur   glühender Eifer

6. *L'étoile* luit *et les Rois conduit*   scheint
   Par longs chemins devant une pauvre étable   Stall
   L'étoile luit et les Rois conduit
   Par longs chemins devant l'humble réduit   bescheidene Bleibe

7. *Au fils de Dieu, qui* naquit *en ce lieu*   wurde geboren
   Ils viennent tous présenter leurs hommages   huldigen
   Au fils de Dieu, qui naquit en ce lieu
   Ils viennent tous présenter leurs doux vœux   Glückswünsche

8. *De bons présents, or, myrrhe et* encens   Weihrauch
   Qu'ils vont offrir au maître tant admirable
   De bons présents, or, myrrhe et encens
   Qu'ils vont offrir au bienheureux *enfant*   selig

(Chanson traditionnelle provençale, paroles françaises de Marcel Combre)

L'épiphanie et la tradition de la galette des rois

L'épiphanie correspond au jour où les trois Rois Mages, Gaspard, Melchior et Balthazar, viennent adorer l'enfant Jésus et lui apporter leurs cadeaux : l'or, la myrrhe et l'encens. C'est toujours le 6 janvier.

Ce jour-là, en France, on fête l'arrivée des rois en « tirant les rois ». Pour cela, on fait ou on achète une galette des rois (voir la recette ci-dessous) dans laquelle se cache une fève. A l'origine, c'était une vraie fève *(dicke Bohne),* mais par la suite, on l'a remplacée par un petit personnage en porcelaine qui représentait un roi ou une reine. Aujourd'hui, la fève est souvent en plastique.

On coupe la galette en morceaux : il y a autant de morceaux que de personnes à table, pour être sûr que quelqu'un aura la fève. La personne qui mord *(beißt)* dans la fève est alors le roi ou la reine du jour. Elle reçoit une couronne *(Krone)* de papier doré (pour le roi) ou argenté (pour la reine).

Ensuite, le roi choisit une reine (ou la reine choisit un roi) parmi les personnes présentes. Il l'embrasse et lui pose l'autre couronne sur la tête.

La recette de la galette des rois

Pour une galette pour 8 personnes, il faut :

550 g de pâte feuilletée *(Blätterteig)*	1 œuf
100 g de sucre	4 cuillerées à soupe de lait sucré
100 g de beurre	une fève (ou un haricot sec).
100 g de poudre d'amandes	